NOTICE

SUR

LA VIE

DE CATHERINE PHÉLIS,

MORTE A VALFLEURI EN 1705.

LIBRAIRIE CATHOLIQUE DE PERISSE FRÈRES

LYON, (MAISON PRINCIPALE)	PARIS, (NOUVELLE MAISON)
GRANDE RUE MERCIÈRE, 33, en face de l'allée Marchande.	RUE DU PETIT-BOURBON, 18, angle de la place St-Sulpice.

1847

Lyon.—Impr. d'Ant. PERISSE, impr. de N. S. P le Pape
et de son Ém. Mgr le Cardinal Archevêque.

Les Prêtres de Saint Vincent du Paul

DONNENT DES RETRAITES

dans l'église de Notre-Dame de Valfleuri.

CES RETRAITES COMMENCENT :

La Ière, le Dimanche de la Passion.—*Cette retraite est exclusivement pour les hommes.*

2e le 3e Dimanche du mois de Mai.

3e Le 3e Dimanche du mois de Juin.

4e Le 19 Juillet, fête de saint Vincent de Paul.

5e Le 15 Août, fête de l'Assomption de la très-sainte Vierge.

6e Le 8 7bre, fête de la Nativité de la très-sainte Vierge.

7e Le 1er Dimanche du mois d'Octobre, fête du Rosaire.

CES RETRAITES DURENT HUIT JOURS.

Les personnes qui désirent faire une retraite en particulier, peuvent venir à d'autres époques.

AVANT-PROPOS.

La courte Notice que nous offrons au public, remplira probablement l'objet que nous nous proposons, qui n'est autre que la gloire de Dieu et l'édification des fidèles. Ce qui nous le fait espérer, c'est que Dieu tire le plus souvent sa gloire des plus petites choses, et que les bons chrétiens aiment à connaître les faveurs dont il se plaît à honorer ceux que le monde méprise.

Ceux qui sont vraiment humbles ou qui travaillent à le devenir, ceux qui souffrent et qui ont besoin de patience et d'encouragement, ceux qui connaissent le don de Dieu dans la communication de son esprit, et qui savent l'apprécier, ceux-là liront avec plaisir et intérêt la vie d'une simple paysanne, en qui le Seigneur s'est plu à faire éclater la vertu de sa grâce.

On trouvera peut-être que les traits principaux qui caractérisent la vie de Catherine Phélis, ne peuvent être offerts qu'à l'admiration du lecteur, sans qu'il puisse se proposer d'imiter ce qu'on rapporte de cette admirable servante de Dieu; mais il en est des chefs-d'œuvre de la grâce comme de ceux de la nature : Dieu nous en découvre quelquefois la beauté, il ne nous ordonne pas de les imiter. Nous pouvons rendre un digne hommage au talent du peintre qui nous permet de contempler son tableau, sans essayer follement d'en faire la copie.

Est-ce à dire pour cela qu'il n'entre que du merveilleux dans cette existence toute composée de souffrances et d'amour? L'humilité, la patience, la charité, ont été peut-être héroïques dans celle que nous désirons faire connaître; mais ces vertus sont après tout des vertus chrétiennes, et il faut bien que chacun de nous, pour être sauvé, les pratique en un certain degré. Nous pourrons donc dire encore à ceux même qui auront le plus admiré : *Respice et fac secundùm exemplar*, « Regardez, et faites d'après ce » modèle. »

Si l'on nous demande pourquoi des faits si merveilleux, de si beaux exemples sont demeurés dans l'oubli pendant près d'un siècle et demi, nous répondrons d'abord que la sagesse divine l'a permis ainsi; ce qui nous paraît une excellente raison. Nous convenons en outre que, s'il a plu au Seigneur de faire connaître par quelques signes rares et peu éclatants la sainteté de sa servante, cette manifestation n'a pas été de nature à produire du retentissement. Les cieux racontent les merveilles de la grâce; mais la louange qu'ils adressent à Dieu n'a pas toujours un écho sur la terre.

N'est-ce pas, toutefois, un beau préjugé en faveur d'une vie passée dans la plus grande obscurité, que d'en voir le souvenir religieusement conservé dans les lieux qui en furent témoins, et consigné dans un mémoire qui, grâce à la Providence, a échappé à la tempête révolutionnaire?

Au reste la famille de Catherine était une famille privilégiée dans l'ordre de la grâce. On peut en juger par ce qui suit :

Le père de Catherine Phélis, simple habitant de la campagne, avait six fils qui demeuraient avec lui et partageaient ses travaux. Ces jeunes gens voulant obéir à ce que chacun d'eux regardait comme une inspiration divine, formèrent de concert le projet de quitter subitement la maison paternelle. Des études préliminaires les avaient préparés aux cours supérieurs, et le moment qu'ils avaient jugé convenable étant arrivé, ils se lèvent pendant la nuit, et partent tous ensemble.

Quand le premier étonnement fut passé, le père qui ne pouvait ignorer les dispositions de ses fils, se rend à Lyon, frappe à la porte du séminaire de Saint-Sulpice, et demande au supérieur de la maison s'il peut lui donner des nouvelles de ces jeunes gens. « Ils sont ici, répond » le vénérable prêtre, je les ai reçus ce » matin, et je vous avoue que je suis » peu disposé à vous les rendre. » Et qui donc travaillera à mes côtés? répond le père désolé, mais résigné. Je vous en cède cinq, ajoute-t-il; mais, pour Dieu, rendez-m'en un.

La proposition était trop juste : on appelle les six déserteurs, et l'on demande au sort de désigner celui qui doit consoler le vieux père de l'absence des autres. Les cinq que le Seigneur se réserva furent ensuite promus aux saints ordres, et se consacrèrent au ministère évangélique, les uns dans le clergé séculier, les autres dans les ordres religieux.

L'un d'eux entra dans la congrégation de la mission, et fut engagé par ses supérieurs à la maison de Valfleuri, dont les disciples de saint Vincent-de-Paul étaient dès lors en possesion. Ce saint missionnaire mourut dans cette maison après y avoir pratiqué toutes les vertus de son état, parmi lesquelles on remarqua surtout son extrême humilité dans les faveurs insignes dont le Seigneur se plut à le combler.

A la même époque, la Maison de Valfleuri avait pour Supérieur un de ces hommes rares appelés à de grandes choses; c'était le P. Blanc, de la Congrégation de S. Vincent-de-Paul. Ce vénérable prêtre prêcha la parole de Dieu pendant quarante ans dans le sanctuaire de Marie et dans les campagnes des environs; il mourut à Valfleuri, laissant une réputation de sainteté des moins équivoques, et qui s'est perpétuée jusqu'à nos jours. Le corps du saint prêtre fut enterré, suivant l'usage du temps, dans l'église même de Notre-Dame de Valfleuri, à l'entrée du sanctuaire. C'est là, c'est sur sa tombe vénérée que les pieux fidèles viennent assidument prier, non pour le repos de son ame, mais pour obtenir que son intervention auprès de Marie contribue à glorifier cette puissante médiatrice, et à montrer sa bienveillance et ses égards pour ses fidèles serviteurs.

Tel fut le directeur que la divine sagesse avait préparé à Catherine. Instruit à l'école du Saint-Esprit, il connaissait les voies de sanctification, et pouvait y conduire les autres. Il lui fut donné de connaître et de juger tout ce qu'il y avait d'extraordinaire et d'admirable dans cette ame privilégiée, et, fidèle à la recommandation de l'Esprit saint, qui veut que l'on fasse connaître les œuvres de Dieu, il nous laissa le récit simple et abrégé de ce qu'il avait trouvé de plus digne de souvenir dans la vie de cette pieuse et sainte fille.

Nous n'ajouterons rien à son récit, nous le suivrons fidèlement : ce n'est pas un roman pieux que nous écrivons sur des données historiques, ce sont des faits véritables, connus de toute la contrée, et sur lesquels nous ne portons d'autre jugement que celui qu'en porteront les pasteurs de l'Eglise.

NOTICE

SUR

LA VIE DE CATHERINE PHÉLIS.

CHAPITRE PREMIER.

Naissance et enfance de Catherine Phélis. — Ses premières tentations.

Une naissance obscure, une vie ignorée, une mort dont la vie n'avait été qu'un long apprentissage par une suite continuelle de souffrances, telle fut la destinée que le ciel avait préparée à Catherine Phélis. Elle vint au monde en 1665.

Ses parents habitaient au hameau de Lafaverge, paroisse de Saint-Christôt-en-Jarret, dans la province du Lyonnais. Il ne paraît pas qu'elle ait jamais quitté son lieu natal, si ce n'est à l'âge de trente ans, où, pour se rapprocher de l'église, elle vint habiter le village de Valfleuri, qui dépendait de la même paroisse.

Les grandes douleurs que sa mère eut à endurer pendant qu'elle la portait encore dans son sein, pourraient être regardées comme le signe prophétique de ce qui était réservé à la fille. Les souffrances morales et physiques devaient accompagner celle-ci jusqu'à la tombe; il fallait qu'elle fût un enfant de douleur, comme elle allait devenir un enfant de bénédiction.

On ne l'éleva qu'avec beaucoup de peine: sa complexion trop délicate lui faisait refuser les aliments les plus savoureux; la viande, les bouillons, les fruits lui étaient également contraires. On put craindre, dès son premier âge, de voir trancher de bonne heure le fil de ses jours; néanmoins elle a fourni une carrière qui ne semblait pas s'ouvrir aussi longue, et les témoins choisis de Dieu ont pu admirer, pendant quarante ans, le spectacle édifiant de ses vertus.

Une tante, sœur de son père, s'attacha à cette jeune enfant, et se chargea en quelque sorte de son éducation. Catherine n'avait pas cinq ans, lorsqu'elle fut initiée à la connaissance de la religion et aux pratiques de la piété. Dès ce moment la crainte de Dieu pénétra dans cette ame, et lui inspira l'amour de la sagesse. Se laissait-elle aller à quelqu'une de ces fautes dont on ne peut accuser que la légèreté de l'âge, il suffisait de lui dire : *Dieu vous voit*, et à l'instant la petite fille s'arrêtait; et à la place de l'étourderie qui l'avait un instant entraînée, on ne voyait plus en elle que retenue et modestie. Si l'on rapporte la même chose de la plupart des jeunes saints, ne devons-nous pas bénir Dieu de ce qu'il a voulu que Catherine brillât, aussi bien qu'eux, de l'éclat d'une vertu prématurée ?

La bonne tante de Catherine ne bornait pas son zèle aux soins qu'elle donnait à sa nièce : d'autres enfants venaient apprendre chez elle les éléments de la religion, et recevaient de cette pauvre villageoise la riche aumône avec laquelle ils pouvaient acheter le royaume des cieux.

Croirait-on que ce fut à l'occasion de ces petites réunions que commencèrent pour Catherine les pénibles épreuves qui devaient de jour en jour multiplier ses mérites et enrichir sa couronne? La présence de quelques petits garçons qui fréquentaient ces catéchismes privés, fit naître dans cette jeune imagination des pensées dont l'esprit malin pouvait seul être l'auteur. La pauvre enfant ne pouvait voir ses jeunes compagnons, qu'elle n'éprouvât les plus rudes tentations. On est trop souvent effrayé de trouver dans des enfants d'un âge bien tendre encore, une corruption précoce, pour s'étonner de ce que nous rapportons ici. Dieu avait prévenu Catherine des faveurs de sa grâce : faut-il être surpris que l'ennemi de tout bien ait tenté de lui ravir de bonne heure le trésor de l'innocence ? Mais son souffle empesté ne devait jamais flétrir le lis si pur et si beau que la main du Seigneur avait planté, et qui commençait à croître au milieu des épines.

Catherine se voyant forcée de ne plus se trouver dans une société où sa vertu se trouvait exposée, s'en plaignit au Seigneur avec cette candeur et cette sainte liberté que donne l'innocence. « Seigneur Jésus, dit-elle, com-
» ment apprendrai-je ce que je dois savoir,
» si vous ne voulez pas que je l'apprenne
» avec les autres? Il faudra donc que vous
» m'enseigniez vous-même? » Cette prière fut suivie d'un ravissement qui dura fort longtemps, et tel qu'elle n'en avait jamais éprouvé de semblable. Dès ce moment toute leçon de catéchisme devint superflue pour elle : la connaissance approfondie qui lui fut donnée de nos mystères, la netteté avec laquelle elle en parlait, attestèrent suffisamment la supériorité du maître qui s'était réservé de l'instruire.

CHAPITRE II.

Sa première communion.

Ainsi éclairée sur les choses que le Père céleste cache aux grands et aux sages, en même temps qu'il les révèle aux ignorants et aux petits, l'heureuse enfant conçut bientôt le désir le plus vif de s'unir à Jésus dans l'Eucharistie. Les Pâques étant venues, elle pria le curé de la paroisse de l'admettre à la première communion. Sur le refus qu'il en fit à cause de sa trop grande jeunesse, elle employa l'intervention du vicaire. Le curé demeura inflexible, et la demande de l'enfant fut différée d'une dizaine de mois. Il fallut se soumettre et se résigner; mais que n'en coûta-t-il point à la bonne Catherine? Privée de l'aliment céleste dont son ame était affamée, elle donnait un libre cours à ses larmes, et ne trouvait d'adoucissement à sa peine qu'en s'approchant le plus qu'elle pouvait de ceux qu'elle voyait participer à la table sainte. Alors elle éprouvait quelque consolation en adorant Jésus-Christ présent dans le cœur de ceux dont elle enviait le sort. Ce beau trait nous rappelle celui de sainte Magdeleine de Pazzi qui, avant sa première Communion, suivait toujours sa bonne mère lorsqu'elle avait eu le bonheur de communier.

Ne semble-t-il pas qu'une préparation si fervente dût assurer à cette belle ame les plus douces jouissances, lorsqu'elle verrait son désir accompli? Le jour si désiré arriva enfin; et il est vrai de dire que ce fut pour Catherine un jour si beau, qu'il lui sembla le passer dans le ciel plutôt que sur la terre. Son ravissement fut tel, que les créatures ayant en quelque sorte disparu à ses yeux, elle croyait exister seule avec Dieu seul. Mais il ne lui fut pas permis de dresser sa tente sur le Thabor; et des hauteurs sublimes de la douce contemplation, il lui fallut descendre aux alarmes d'une conscience toujours effrayée. Son empressement à faire la sainte communion était ordinairement si vivement combattu par la pensée de son indignité, que depuis elle ne communia jamais que par obéissance. Ainsi Dieu qui se montre toujours admirable dans ses saints, comme il est saint lui-même dans toutes ses œuvres, voulut-il que la source des consolations lui fût comme fermée, et qu'elle se nourrît du pain des anges, sans en pouvoir savourer les ineffables douceurs.

CHAPITRE III.

Apparition de sainte Thérèse.

Cependant le divin Epoux ne laissa pas livrée à elle-même et à ses peines intérieures la chaste épouse qu'il s'était choisie. Celle-ci était un jour occupée à garder le troupeau de son père, lorsqu'une petite fille de son âge et habillée comme elle, l'aborda et l'entretint des choses de Dieu. Elle lui conseilla de garder la virginité, ajoutant qu'elle en aurait au ciel une brillante récompense. Elle lui recommanda l'amour de Dieu par-dessus tout, le souvenir fréquent de la passion et de la mort de Jésus-Christ, l'acceptation de toutes les maladies qui lui seraient envoyées, la prière assidue; et joignant l'exemple à cette dernière recommandation, elle la faisait prier avec elle. *Qui êtes-vous,* demanda Catherine à l'intéressante visiteuse, *à quelle maison appartenez-vous? quel est votre nom?* Contentez-vous de savoir, lui dit la jeune étrangère, que je m'appelle Thérèse. Cette première visite fut suivie de plusieurs autres; et quoi qu'il en soit de la réalité, il est, ce me semble, bien permis de croire que celle dont la vie passée dans les souffrances devait avoir cette ressemblance avec la vie de la réformatrice de Carmel, fut aussi jugée digne d'avoir cette illustre sainte pour institutrice spirituelle. Toutefois il est certain qu'elle eut toujours une grande confiance en sainte Thérèse, et lorsqu'elle revêtit l'habit du tiers-ordre de saint Dominique, elle prit le nom de cette illustre amante de Jésus-Christ.

CHAPITRE IV.

Ses entretiens.—Son goût pour l'oraison.

Il est plus aisé qu'on ne veut le croire de sanctifier les rapports nécessaires établis dans la société. Les saints n'ont pas tous habité les déserts, ils ne se sont pas tous voués au silence du cloître; mais ils ont tous été attentifs à se rappeler partout la présence de Dieu, et à la rappeler aussi à ceux qu'ils étaient dans la nécessité de fréquenter. «Catherine était plus jeune que moi, disait » une bonne fille qui avait donné ses soins » auprès d'elle à la garde d'un troupeau, » et c'était toujours elle qui prenait la parole pour me parler de Dieu, me dire qu'il » le fallait bien aimer, ne pas l'offenser, et » conserver soigneusement la pureté.» Voilà quelle était la ferveur de la jeune bergère;

ses discours portaient à la vertu, en même temps que ses exemples y entraînaient doucement ceux qui avaient l'avantage de la voir.

La bouche parle de l'abondance du cœur. Si l'on pense pouvoir parler des choses de Dieu, sans avoir auparavant traité avec Dieu même, on s'aperçoit bien vite que cette prétention n'est qu'une téméraire présomption. C'est dans l'entretien avec Dieu que Catherine puisait ce zèle qui animait ses paroles, et cette force qui lui faisait surmonter les plus grandes répugnances de la nature. Bien jeune encore, elle était déjà éprouvée par la souffrance. La patience la plus inaltérable eût paru merveilleuse dans un enfant ordinaire; mais Catherine fit taire la douleur, pour n'entendre que la voix de celui qui l'appelait à un entretien presque continuel. Dès l'âge de neuf ans son attrait pour la contemplation fut si puissant, que chaque nuit elle faisait oraison pendant six heures; et quand elle se livrait le jour à ses occupations ordinaires, comme garder les brebis ou tisser des rubans, c'était sans perdre jamais Dieu de vue. Pour être fidèle à se lever à minuit, elle s'était engagée à faire une heure d'oraison à l'honneur de son ange gardien, et autant pour les ames du purgatoire. Lui arrivait-il d'y manquer, elle en éprouvait une grande peine, et pratiquait quelque pénitence. Le repos de la nuit finit par lui sembler une chose qu'elle devait s'interdire ; aussi quelquefois, après avoir commencé à s'y livrer, elle se levait subitement et se prosternait la face contre terre, comme pour conjurer la colère de Dieu, qu'elle croyait voir allumée contre elle.

Une si généreuse docilité à l'attrait de la grâce ne resta pas sans récompense. Catherine travaillait tout le jour ; elle ne donnait chaque nuit qu'une heure et demie au repos, et jamais dans le jour elle ne sentit le besoin de sommeil. Vêtue légèrement et à demi-chaussée pendant les nuits d'hiver où le froid était le plus rigoureux, jamais elle n'en fut incommodée. Le démon s'arma de toute sa rage pour lui faire abandonner un exercice où la puissance de Dieu la soutenait visiblement : il lui apparut sous les formes les plus horribles et les plus effrayantes, la menaçant de la tuer, si elle ne renonçait à la prière, et jamais la faible enfant n'éprouva de frayeur. Plus tard, elle dut changer quelque chose à la manière dont elle servait Dieu dans sa jeunesse; mais elle s'y vit forcée par les diverses maladies qui l'affligèrent depuis l'âge de vingt-deux ans jusqu'à sa mort.

CHAPITRE V.

Ses tentations.

Toutes les vertus, tous les genres de mérite ne brillent pas dans tous les saints. Le distributeur des dons de la grâce les répand comme il lui plaît pour orner l'Eglise de cette admirable variété dont l'éclat extérieur est le reflet splendide de la beauté du dedans. Mais à part ces dispositions particulières qui sont l'œuvre de la sagesse divine, il en est une générale qui impose à tous les chrétiens l'obligation de marcher au ciel par la voie du Calvaire, parce que ce n'est qu'en passant par beaucoup de tribulations qu'ils peuvent entrer au séjour de la gloire. Comme un or qui devait arriver à une pureté parfaite, Catherine dut passer par le creuset des tentations. Cette épreuve si terrible pour les amis de Dieu, dura la plus grande partie de sa vie.

Déjà nous avons vu avec quelle fureur le démon l'avait attaquée dans son bas âge; la honte de la défaite ne découragea pas l'aggresseur. Il sembla au contraire s'acharner plus fortement à celle dont il voulait faire sa proie, et il usa largement du pouvoir que

Dieu lui laissa de la tourmenter, pour lui faire abandonner la vertu. Les souffrances corporelles que Catherine eut à supporter pendant sa vie presque entière, ne furent pas un obstacle aux tentations contre la chasteté. Le tentateur s'efforça même de rendre ses douleurs plus intolérables, en lui faisant connaitre que son amour extrême pour la pureté en était la cause. De ce corps exténué et accablé de maux, il sut faire une fournaise où le feu impur brûlait continuellement. L'esprit et les sens livraient à la volonté un combat où la vertu divine pouvait seule triompher. « Lorsque je me porte mieux, disait-» elle à son directeur, je me défends, je me » mortifie, je prends la discipline, je me » prosterne à terre ; mais, étant dans le lit » sans pouvoir remuer, je ne puis me châ-» tier. » « Oh ! si je pouvais me lever, s'é-» criait-elle, je te châtierais bien, malheureux » corps ! » C'est ainsi que la vertu se fortifie dans l'infirmité. L'orage agite avec force la branche où repose l'oiseau ; mais il s'y tient plus fortement encore par l'effet même de la secousse la plus violente. La persévérance de la vertueuse fille dura jusqu'à la fin de sa vie : jamais une mauvaise pensée ne souilla son ame ; et lorsque cette chaste colombe s'échappa de sa prison corporelle, elle put se présenter sans tache à l'ami des ames pures.

C'est une grande consolation pour ceux qui s'exercent à la vertu, de se retrouver en quelque sorte eux-mêmes dans les saints dont on leur propose les exemples et les combats. Ils apprennent ainsi que la vertu ne consiste pas à naître sans défauts et à vivre sans passions, que ce n'est pas une excuse d'accuser une mauvaise nature; mais que c'est un mérite que de travailler à la corriger; que la sainteté consiste bien moins à n'avoir ni mauvaises pensées ni inclinations perverses, qu'à combattre les unes et les autres par les armes que fournissent l'humilité et la confiance en Dieu. Quand ces deux vertus surtout sont fortement enracinées dans l'ame chrétienne, toutes les forces de l'enfer réunies ne viendraient point à bout de l'ébranler.

Personne peut-être ne fut plus porté au désespoir que la pieuse fille dont nous retraçons les vertus. Cette tentation était une suite de celle dont nous venons de parler. Une grande obscurité se répandait dans son ame, où il lui semblait que le feu de la charité était éteint; Dieu ne lui apparaissait plus que comme le vengeur terrible des grâces méprisées, de la vertu outragée. Ses communions n'étaient que d'horribles sacriléges, ses oraisons des occasions de péché, à cause des pensées détestables qui s'y présentaient à son esprit. Aussi crut-elle devoir demander à son confesseur d'être dispensée de ces deux exercices. Il fallut toute l'autorité de ce sage directeur pour l'obliger à y persévérer. Cependant le blasphème semblait toujours prêt à sortir de son cœur, pour retentir sur ses lèvres. Se croyant grande pécheresse et abandonnée de Dieu, son salut lui paraissait impossible, quelque bien qu'elle pût faire. L'obéissance était son dernier retranchement : ce fut jusque là que l'ennemi vint la poursuivre. Le choix qu'elle avait fait de M. Blanc, la soumission qu'elle lui gardait fidèlement, irritaient l'esprit superbe, et suscitèrent de sa part de cruels traitements. Catherine en conçut de la haine contre son confesseur. « J'ai été irritée contre vous, lui » dit-elle, parce que c'est à cause de vous » que j'ai tant souffert ; mais j'ai bien vite » reconnu que ce sentiment venait du dé» mon. »

En 1692, aux fêtes de la Pentecôte, ses terreurs augmentèrent. Elle se figura qu'après qu'elle aurait souffert excessivement, Dieu la réprouverait. De là des pensées de désespoir et d'affreuses tentations contre Dieu même. Cette tempête dura assez long-temps ; et lorsque le moment des consolations fut arrivé, c'est-à-dire, pendant un entretien avec Dieu, le calme rentra dans son ame, la lumière céleste y brilla de nouveau, et la prépara à l'acte le plus héroïque auquel puisse se porter la charité chrétienne. Mais avant de le rapporter, il sera mieux, peut-être, de dire par où commença cette vie d'expiation pour laquelle cette ame généreuse et fervente s'unit au sacrifice perpétuel de Jésus-Christ.

CHAPITRE VI.

Notre Seigneur lui apparaît.

Catherine n'avait encore que quinze ans, lorsqu'un jour qu'elle faisait paître des vaches auprès d'un bois, elle s'agenouilla pour prier Dieu devant un crucifix, qu'elle avait attaché à une branche. Elle vit alors venir à elle une homme chargé d'une grosse croix. Il avait le corps tout couvert de contusions et de blessures : son sang coulait de toute part, ses os paraissaient à nu et dépouillés des chairs. Malgré l'étonnement et la crainte dont elle fut saisie, elle lui demanda : « Qui » êtes-vous, d'où venez-vous et que venez- » vous faire ici? —Je suis ton Sauveur, répon- » dit-il ; regarde en quel état les pécheurs » m'ont mis. Ce sont un tel et une telle, » ajouta-t-il, en désignant deux personnes » qui scandalisaient la paroisse par leur com- » merce criminel. — Que pourrais-je faire » pour vous soulager? » demanda Catherine, qui conçut en même temps le désir de souffrir la mort même, s'il le fallait. « Quand tu » seras morte, lui dit Jésus, qui avait lu » dans son cœur, tu ne mériteras plus.—Eh » bien, répondit-elle, je m'offre à vous pour » souffrir toute ma vie ce qu'il vous plaira. » Ce qu'ayant dit, elle se prosterna à ses pieds pour l'adorer. Quand elle se releva, elle n'aperçut plus rien qu'une ombre qui disparut.

Cette vision fut suivie d'un sentiment de tristesse si profond, que rien ne pouvait la consoler. Elle refusait toute nourriture, et ne goûtait plus aucun repos. Ayant toujours présent à l'esprit l'état où les pécheurs avaient mis Jésus-Christ, son cœur en était pénétré de douleur. Elle s'efforçait de lui offrir une juste réparation par des macérations et des prières multipliées. On la crut malade, et dans cette idée, ses parents la contraignirent à prendre quelques remèdes. Mais ce qui devint pour elle un grand surcroît de peines, ce furent les soupçons injurieux, les jugements téméraires que se permirent à son égard ses voisins et ses proches. La pauvre fille se voyant ainsi livrée, tantôt au sarcasme, tantôt à une injurieuse compassion, serait tombée dans une entière désolation, si notre Seigneur ne l'eût secourue. Il lui apparaissait fréquemment, et traitait avec elle comme un père avec son enfant. Les recommandations, que ce divin maître daigna lui faire, pourront être d'une grande utilité; nous les transcrirons ici telles que nous les a laissées son directeur à qui elle en faisait part.

La patience, l'humilité, la charité et la pureté étaient les vertus qu'il voulait qu'elle pratiquât dans un haut degré de perfection. Il demandait aussi qu'elle priât assidument pour les pécheurs, qui renouvellent par leurs offenses les douleurs de sa passion. « Je veux,
» lui dit-il un jour, que tu sois seule avec moi,
» quoique vivant au milieu du monde; et pour
» me trouver seul, il faut oublier toutes les
» créatures et ne voir que moi. Vivant ainsi
» en ma présence, tu m'adoreras, tu me de-
» manderas mes grâces et mon amour, tu
» m'offriras ce que j'ai souffert pour toi et
» pour tous les autres pécheurs, tu m'offri-
» ras l'amour que j'ai pour tous les hom-
» mes. »

Sur la plainte que fit Catherine à son bon Maître, d'être exposée à entendre les discours souvent inconvenants de ceux qui l'approchaient, il lui dit de mettre tous ses sens en solitude, et de ne s'en servir que par nécessité et pour l'amour de lui. Il lui promit aussi de la délivrer de cette peine cruelle que lui causaient les propos indécents. En effet, depuis ce moment, ses oreilles furent comme fermées quand elle se trouvait avec des personnes peu circonspectes, tandis qu'elle entendait à merveille quand on parlait de Dieu.

Cet état de tristesse dura trois ans, pendant lesquels elle ne pouvait ni manger, ni dormir. Quelques liquides en petite quantité et bien peu substantiels suffirent pour alimenter son corps devenu presque étranger aux besoins de la nature. D'autres angoisses plus rudes encore lui offrirent alors une diversité de souffrances qui devaient lui procurer un autre genre de mérite. Ce furent ces tentations de découragement et de désespoir dont nous avons parlé et dans lesquelles l'obéissance seule put la soutenir. « Continuez, lui dit son directeur, de vous » livrer à vos exercices ordinaires, et ne » vous mettez point en peine. »

L'obéissance, suivant le langage du Saint-Esprit, a le privilége de multiplier les victoires. Catherine triompha en effet dans ces pénibles combats; sa ferveur ne se ralentit point : elle n'abandonna aucune des bonnes œuvres qui embellissaient sa vie; et quand, pour la rendre plus semblable à lui, notre Seigneur voulut qu'elle portât une couronne douloureuse et sanglante; pendant une longue période de diverses maladies, il la lui offrit comme une récompense glorieuse qu'elle reçut les armes à la main.

CHAPITRE VII.

Ses longues maladies.

Catherine avait atteint sa vingt-deuxième année dans la pratique des plus excellentes vertus. On ne peut douter qu'à cet âge elle n'eût déjà fait des progrès étonnants dans les voies de la sainteté. Sa vie d'oraison, de travail, d'épreuves, les faveurs extraordinaires qui lui furent quelquefois accordées dans l'âge le plus tendre, et si fréquemment dans la suite, suffisent pour nous la faire connaître comme une de ces merveilles de la grâce que le ciel ne montre à la terre que rarement et dont il ne révèlera la gloire qu'au grand jour. La sanctification de notre ame, si elle nous était offerte au même prix, nous paraîtrait achetée chèrement, et nous nous flattons peut-être beaucoup trop de l'obtenir à des conditions que nous croyons bien plus avantageuses. Cette opinion que favorise notre lâcheté, ne fut jamais celle des grands serviteurs de Dieu. La pensée qui a été le mobile dè toute leur vie et le principe de tous leurs actes, c'est que tout chrétien étant membre de Jésus-Christ, chacun de nous doit se regarder comme incorporé à cette victime sainte, et dans l'obligation de mener une vie de sacrifice et d'immolation perpétuelle.

Qu'est-ce en effet autre chose que cette béatification des larmes, de la pauvreté, des persécutions, dont l'Evangile retentit à chaque page? Qu'est-ce que cette abnégation à pratiquer, et cette croix à porter tous les jours comme un accomplissement rigoureux du pacte qui se fait au baptême? Mais ce sont là de ces vérités que l'on a bien de la peine à faire saisir à ceux qui souffrent, et bien plus encore à ceux qui ne cherchent qu'à se procurer des jouissances.

Après avoir fait marcher Catherine dans la voie douloureuse, le Seigneur voulut l'établir fixement sur le Calvaire. C'est là que le divin ouvrier devait achever le chef-d'œuvre de ses mains, pour le présenter ensuite à son Père dans un état de ressemblance plus frappante avec son modèle. Diverses maladies qui se succédèrent pendant dix-huit ans, opérèrent en Catherine ce crucifiement qu'elle avait elle-même demandé. Pendant une nuit qu'elle passa toute entière en oraison et au milieu des plus douces consolations, notre Seigneur lui montra alternativement la gloire de la Transfiguration, et les ignominies du Calvaire. Il lui dit ensuite de faire son choix. Catherine, sans trop réfléchir, se sentit poussée intérieurement à préférer le Calvaire. *Ah! si j'osais,* disait-elle plus tard, *je me repentirais de cette préférence; mais je ne fis que suivre alors l'inspiration du moment.* Dès le lendemain, elle sentit les premières atteintes d'une maladie qui la força de demeurer au lit pendant un an et demi. Ce lit devint pour elle une croix sur laquelle il ne lui était pas permis de chercher du soulagement dans le changement de position. Ses souffrances s'étendaient de la tête aux pieds. Elle éprouvait surtout à la tête des douleurs si atroces, qu'elle les comparait à ce qu'elle aurait à souffrir si l'on mettait sa tête sur une pierre, et qu'on la frappât avec un marteau. Ses yeux étaient dévorés par une ardeur incessante qui l'empêchait de dormir, malgré l'extrême besoin qu'elle en ressentait. Sa sœur qui l'a servie pendant tout le temps de cette première maladie, a déclaré qu'elle entendait souvent dans le corps de la malade un craquement qui faisait croire que ses os se disloquaient, ou se brisaient. On se demande comment ce corps a pu conserver cette existence qui n'était soutenue que par une alimentation presque nulle, et qu'une insomnie de neuf mois entiers devait achever de détruire.

Dix-huit mois se passèrent ainsi, pendant lesquels son état fut l'objet de la plus vive compassion. Elle était vraiment sur la croix, suivant l'expression de son confesseur. Ses maux lui laissèrent alors quelque relâche: elle put descendre quelquefois de ce lit de douleur, mais sans trouver assez de force pour se rendre à l'église et y faire la sainte communion.

Un jour de fête, toute la famille était allée assister à la sainte Messe. Cette circonstance fit sentir à Catherine plus vivement que jamais l'amertume de cette privation. *Hélas! mon Sauveur*, disait-elle tristement, *il y a si longtemps que je n'ai pas eu le bonheur de vous recevoir, quand sera-ce que je pourrai en jouir?* Et son imagination servant alors le désir de son cœur, il lui sembla qu'un prêtre revêtu des habits sacerdotaux et précédé d'un clerc entrait dans sa chambre, et lui présentait la sainte Eucharistie. *Je suis trop grande pécheresse*, dit alors Catherine, *pour que Dieu me fasse un pareil honneur*, et ce qui n'était sans doute qu'une illusion, disparut. Ce qui n'en était pas une, savoir: ce profond sentiment d'humilité dont elle ne se départait jamais, lui procura sans doute aux yeux de Dieu un mérite de plus.

En 1690, depuis le dimanche de la Passion jusqu'à l'octave de Pâques, Jésus lui fit une part abondante au calice de sa passion; elle fut comme investie de tortures nouvelles. Victime volontaire, elle s'était offerte à souffrir pour les péchés des autres. L'époque dont nous parlons est celle où il se commet malheureusement un plus grand nombre de sacriléges, et il semble que la responsabilité dût en retomber sur Catherine. Dieu lui fit connaître que c'était à cause des nombreux outrages que lui font les communions indignes, qu'il la frappait si rigoureusement. L'année suivante ce fut pendant le carnaval qu'elle eut le plus à souffrir, et aux douleurs corporelles se joignirent des peines plus terribles encore, c'est-à-dire des peines intérieures. Pendant qu'elle en était accablée, il s'alluma dans son corps une espèce d'incendie dont les brûlantes ardeurs se faisaient vivement sentir à ceux qui l'approchaient. Sa sœur disait à M. Blanc, qu'en touchant la malade, elle ressentait elle-même une chaleur insupportable. Avec la joie de l'ame, ce supplice eût été encore bien terrible ; mais ce qui le rendit plus affreux, c'est qu'elle le regarda comme le commencement de son enfer. Elle ne pouvait pas expliquer autrement comment son corps brûlait sans être réduit en cendres. Néanmoins le Seigneur ne lui laissait pas ignorer qu'il voulait qu'elle lui offrît en sa personne une expiation des scandales et des désordres qui affligent son cœur dans les jours de dissolution qui précèdent la sainte Quarantaine.

CHAPITRE VIII.

Réflexions.

Ce n'est pas sur nos saints autels seulement que Jésus-Christ s'immole mystiquement tous les jours ; il le fait encore de la même manière dans ses membres. La vie des amis de Dieu, leurs joies, leurs travaux, leurs souffrances, leur mort enfin ne sont autre chose que la continuation des mystères opérés en la personne du divin Redempteur. Du sein de la gloire, il voit se perpétuer en eux, dans des proportions accommodées à l'humanité et à la mesure de ses grâces, l'œuvre qu'il a entreprise lui-même sur la terre pour la gloire de son Père et le salut des ames.

Toute ame sanctifiée par la grâce présente au moins quelques traits qui la rapprochent de son prototype, c'est-à-dire de Jésus notre premier modèle, et qui supposent qu'il vit en elle et qu'elle vit en lui.

Cette admirable union des membres avec leur chef est l'effet de la demande que le Fils de Dieu fit à son Père pour que tous ceux qui croiraient en lui ne fissent qu'un avec lui, comme il ne fait qu'un avec son Père.

Unité sublime qui élève le disciple de Jésus-Christ à une incomparable dignité; unité parfaite qui fait disparaître toutes les distinctions qu'ont imaginées la vanité et la fortune, la science et les talents, pour ne laisser subsister que celles que signalent les divers degrés de sainteté.

De là, cette espèce de solidarité qui oblige chaque fidèle à travailler à la sanctification de ses frères; de là cette communauté de biens spirituels dont le trésor, fondé sur les mérites du Sauveur, est sans cesse enrichi par le produit de toutes les bonnes œuvres.

Ce n'est pas seulement dans la pieuse paysanne dont nous esquissons la vie, que nous trouvons d'une manière plus éclatante l'application de ces vérités. Les martyrs au milieu de leurs tourments, les saints Pénitents vivant de macérations, les pauvres au sein de la misère et des privations, les justes qui ne mangent que le pain d'angoisse humecté des eaux de la tribulation, en un mot, tous ceux qui souffrent et qui font le bien, sont autant de sacrificateurs. Réunis sur le Calvaire, ils offrent avec Jésus, dans sa personne et dans la leur, cette victime unique et sans tache qui seule a le privilége de plaire à Dieu et d'ouvrir le ciel. C'est sous ce point de vue qu'il faut envisager la conduite de Dieu à l'égard de ses saints. Elle paraît quelquefois inexplicable, mais ce n'est qu'aux esprits peu réfléchis et que la foi n'éclaire que bien faiblement.

Catherine Phélis se présente à nos regards toute belle d'innocence, toute exempte de faute, au moins grave, et presqu'aussitôt nous voyons cette brebis si pure et si docile, placée par la main du bon Pasteur lui-même sous le pressoir de la colère de Dieu, et souffrant pour des désordres dont elle sait à peine l'existence. Dieu n'est que juste envers elle : il lui a départi des grâces abondantes, il convient qu'elle jette dans le trésor du sanctuaire un tribut plus magnifique, et ne pouvant donner rien de plus qu'elle-même, elle se dévoue pour le salut des pécheurs et s'offre à mourir, victime de sa charité.

CHAPITRE IX.

Sa charité.

Dieu est bon pour ceux qui l'offensent : combien ne l'est-il pas pour ceux qui l'aiment avec ardeur et le servent avec générosité ! Les vies des saints nous montrent ces amis de Dieu passant alternativement de la tristesse à la joie, de la douleur la plus amère aux jouissances les plus pures, des abîmes de l'humiliation au sommet de la gloire. Les créatures sont les instruments dont ce bon père se sert ordinairement pour frapper ceux qu'il aime; mais quand il est temps de les consoler, il descend lui-même pour essuyer de sa main les larmes qui coulent de leurs yeux, pour guérir toutes leurs plaies, et leur faire oublier, par l'abondance de ses consolations, les amertumes passagères qui les leur ont méritées.

C'est ainsi qu'après avoir laissé son humble servante plongée assez long-temps dans d'épaisses ténèbres, tourmentée par des pensées horribles, désespérant de son salut sans avoir rien fait qui pût l'exposer, la miséricorde divine brillait tout-à-coup sur elle d'une manière sensible. L'oraison était le moment que le Seigneur choisissait pour ses visites, et là, d'un seul trait de lumière, il dissipait les ombres et les terreurs, il faisait revivre la confiance, et alors, le feu de la charité long-temps comprimé sous le poids des tribulations intérieures, faisait, pour ainsi dire, une impétueuse explosion. C'était en Catherine une soif encore plus ardente du salut de ses frères, c'était une appréhension plus vive de leur perte éternelle. Je ne sais si elle avait appris que saint Paul aurait consenti à être anathème pour ceux de sa nation, mais par une inspiration toute semblable et un mouvement d'héroïque charité, cette fille zélée ne craignit pas de demander à Dieu des souffrances nouvelles, et de s'offrir à être placée à la porte de l'enfer pour en fermer l'entrée aux ames.

Une pareille demande ne pouvait être exaucée dans toute son extension, mais le désir qui l'avait suggérée fut, en partie, satisfait.

Deux peines principales feront à jamais le malheur des réprouvés : le poids de la colère de Dieu qu'ils ne peuvent porter et qui les écrase, et le supplice du feu dont ils seront l'éternelle pâture. Catherine sentit tomber sur elle le bras du Seigneur irrité : son ame fut pénétrée d'une frayeur épouvantable. *Oh! que la colère de Dieu est terrible!* s'écriait-elle, *j'aimerais mieux souffrir l'enfer!* Cette crainte de Dieu dont le prophète demandait que ses chairs fussent meurtries, pénétrait dans Catherine jusqu'à la moëlle de ses os. Hélas! quelques instants de réflexion un peu profonde sur les terribles effets de la justice divine suffisent pour remuer les ames les plus apathiques; la méditation assidue sur le même sujet remplissait les saints de terreur et d'effroi; quel effet dut donc produire dans cette fille l'action pressante de la lumière divine qui lui révélait et lui faisait sentir d'une manière intime tout ce qu'il y a de plus terrible dans la fureur du souverain Juge!

Elle ne resta pas étrangère non plus à l'autre châtiment réservé aux victimes des éternelles vengeances. La violence du premier sentiment, qui était celui de la terreur, aurait dû la faire mourir : les ardeurs extraordinaires, qui faisaient de son corps une espèce de brasier, devaient la consumer mille fois. On ne sait combien de temps précisément il plut au Seigneur d'exiger ainsi de l'innocence les satisfactions dues par le crime, mais enfin cette rude épreuve eut un terme. L'année suivante, il lui fut révélé qu'elle souffrirait beaucoup moins et qu'elle mériterait cependant beaucoup plus. Dieu seul a pu peser les mérites abondants qu'elle recueillit dans cette nouvelle période de sa vie ; mais ceux qui l'approchaient, son directeur en particulier, furent témoins du changement qui s'opéra à l'extérieur. Ce feu dévorant parut s'éteindre, ou du moins il fut comme assoupi. Les grandes pensées des fins dernières occupaient son esprit sans l'abîmer de crainte, comme auparavant ; elle souffrait beaucoup, elle souffrait sans cesse; mais elle trouvait en Dieu des consolations, de la force et du courage.

CHAPITRE X.

Sa dévotion envers la très-sainte Vierge.

Nous devons honorer, dit saint Bernard, de toutes les affections de notre cœur la très-sainte Vierge Marie, parce que tel est le bon plaisir de celui qui a voulu que, par l'entremise de cette incomparable Vierge, nous eussions toutes sortes de faveurs et de grâces. L'Eglise a toujours approuvé les témoignages de respect et la dévotion envers la très-sainte Vierge Marie : elle n'a jamais cru trop exalter la grandeur et les vertus de la Mère de Dieu ; tous les saints se sont fait un devoir et une gloire d'honorer celle qu'on n'invoqua jamais en vain.

Catherine dès sa plus tendre enfance se fit remarquer par une dévotion toute particulière envers la sainte Vierge : elle sentait au fond de son cœur un grand désir de lui être agréable et de mériter sa protection ; de là cet empressement à la faire connaître et aimer. Elle aurait voulu que tout le monde invoquât Marie. Aussi dans quelque lieu et dans quelque compagnie qu'elle se trouvât, dès qu'elle entendait sonner l'Angélus, elle se mettait à genoux pour réciter cette belle prière, que l'Eglise a composée pour honorer le mystère de l'Incarnation du Fils de Dieu et la maternité de la sainte Vierge. Lorsqu'elle était aux champs, elle répétait souvent à ses compagnes, qui gardaient les troupeaux avec elle : Disons notre chapelet toutes ensemble. On montre encore auprès de son village le champ où se faisaient ces réunions si pieuses et ces prières si simples. Si vous visitez la maison qui l'a vue naître, vous verrez ce bois solitaire où elle se retirait quelquefois pour être seule avec Dieu. La piété et la tradition vous disent, après cent cinquante ans, c'est dans ce petit bois que Catherine allait méditer : là elle prenait son crucifix et s'excitait à l'amour de Jésus; là elle prenait une image de la sainte Vierge, qu'elle mettait sur son cœur et disait : Marie, soyez ma mère. Un jour, dans la simplicité de sa ferveur, elle disait à une de ses compagnes qui lui demandait le sujet de son profond recueillement : Je me prépare à célébrer la fête de notre mère. En effet, on la voyait toujours plus silencieuse, plus occupée de bonnes œuvres quelque temps avant ces jours que l'Eglise a consacrés pour célébrer les grandeurs de la Reine des Cieux. C'était surtout dans ses tentations si violentes, dans ses maladies si accablantes, qu'elle montrait cette tendre dévotion, sa confiance entière envers la sainte Vierge. On l'entendait répéter sans cesse : O Marie ! Elle avouait humblement qu'elle trouvait un secours puissant, une grâce nouvelle à prononcer ce nom si doux, si consolant. Si le désir ardent de communier plus souvent fit acheter à Catherine une maison auprès de l'église, ce fut surtout sa dévotion envers la sainte Vierge qui la détermina à choisir le village de Valfleury, où il lui serait facile de satisfaire son cœur et son amour, en visitant tous les jours sa bonne mère dans son sanctuaire ; car Marie s'est choisi ce lieu où elle aime à répandre tant de faveurs. N'est-ce pas cette même dévotion qui forma dans son cœur le désir d'être enterrée dans cette église ? Elle disait souvent, dans la simplicité de son ame, au bon père Blanc : Mon père, accordez-moi la faveur d'être enterrée dans l'église, auprès de la sainte Vierge. Si, lorsque je serai morte, vous me faites cette grâce, dans le ciel je prierai Marie de vous accorder tout ce que vous lui demanderez. C'est ainsi que Dieu se montre toujours admirable dans ses saints.

CHAPITRE XI.

Derniers temps de sa vie.—Sa mort.

La maison paternelle était fort éloignée de l'église paroissiale, et lors même que les souffrances extrêmes de Catherine eurent cessé, ses infirmités ne lui permettaient pas de s'y rendre, pour assister à la sainte messe et faire la communion. Elle vint donc s'établir au village de Valfleuri avec une tante, qui demeura avec elle jusqu'à son dernier soupir, c'est-à-dire l'espace de dix ans. Dans le commencement, un bâton aidait suffisamment sa marche, pour se rendre à l'église ; plus tard elle s'appuya sur des béquilles, et enfin on fut obligé de la porter.

Malgré toutes ces difficultés, ce devait être une grande consolation pour cette fervente chrétienne de pouvoir entrer dans la maison du Seigneur, de s'y réunir à l'assemblée des fidèles, d'y participer aux saints mystères, d'y être témoin de l'édifiant concours qui, depuis tant de siècles, rend ce pèlerinage fameux. Demanda-t-elle jamais sa guérison par l'entremise de Marie, dont la puissance a éclaté en ce lieu béni par tant de faveurs surnaturelles ? c'est ce qui ne paraît point probable. La foi lui découvrait en Marie celle que l'Eglise appelle en même temps *le salut des infirmes* et *la reine des martyrs*. Aux yeux de l'humble et pauvre villageoise, les infirmités étaient un trésor dont elle ne voulait pas être dépouillée, et son long martyre lui semblait glorieux pour Dieu même, dans les conditions où elle l'avait accepté ! Le ciel sembla en effet approuver cette résignation qui vaut sans doute la faveur d'un miracle. Trois ans avant la mort de Catherine, ses maux empirèrent de telle sorte qu'elle se vit de nouveau clouée sur son humble couche. Elle put, pendant tout cet espace de temps, embrasser avec amour cette croix si chère à son cœur, dont elle avait voulu, dès ses premières années décharger les épaules du Sauveur. Elle put savourer à loisir l'amertume de ce calice qu'elle avait accepté avec un parfait esprit de sacrifice. Il se fit dans ses pieds et dans ses jambes une contraction si considérable que ses genoux touchaient presque à son estomac. C'était l'effet d'une affection nerveuse qui la fit souffrir horriblement. Cette torture était accompagnée de vomissements violents au point que, lorsqu'elle en était attaquée, l'état misérable de ses membres n'aurait pas empêché qu'elle ne se jetât hors de son lit, si on ne l'eût retenue. Le jour de la fête de sainte Thérèse elle connut d'une manière surnaturelle que le terme de sa vie approchait; elle se confessa ce jour-là même, et le lendemain les vomissements ayant tout-à-coup cessé, elle put communier en viatique.

Ses derniers moments furent calmes et tout-à-fait exempts des tristes angoisses de l'agonie. Un accident ordinaire chez les mourants lui fit dire que le moment de son trépas était proche, et en effet bientôt après elle rendit le dernier soupir sous les yeux et entre les bras de cette même tante qui avait pris soin d'elle dans son enfance, et dont la tendresse la suivit jusqu'à la mort.

Il n'est pas dit qu'elle ait été assistée en ce moment par sa sœur Clémence, dont nous avons eu occasion de parler dans le cours de cette notice, on ne dit pas non plus le contraire. Cette bonne fille la servit constamment pendant vingt-cinq ans avec une charité peu commune. Les douleurs de la malade ne laissaient à Clémence que peu de moments de repos, souvent il fallait donner des soins à Catherine pendant la nuit entière, ce qui n'empêchait pas sa bonne sœur de travailler ensuite toute la journée, comme si elle eût goûté les douceurs d'un long repos. « Il y a quelque chose d'extraordinaire dans ma sœur, disait-elle à M. Blanc, car j'éprouve un grand plaisir à la servir. » Les bonnes œuvres portent toujours avec elles une partie de leur récompense, c'est ce sentiment que ne saurait étouffer la plus parfaite modestie, qui dit à l'ame fidèle que ses œuvres sont agréables à son Dieu, et qui lui rend facile et doux ce que la délicatesse humaine regarde comme trop amer et trop pénible.

CHAPITRE XII.

Ce qui suivit la mort de Catherine.

Revenons à celle dont la mort a dû être précieuse devant Dieu, puisqu'elle n'était que la fin d'une vie passée toute entière dans les épreuves qui font les saints.

Malgré ce que sa pénible existence avait d'extraordinaire, Catherine avait été peu communicative. Dans la crainte d'aller contre la volonté du Seigneur, elle ne disait rien à personne de ce qui la concernait, sinon à son directeur. Une personne pieuse avait eu l'avantage de lui parler, mais une seule fois; suivant le récit de cette même personne, Catherine lui aurait apparu après sa mort pour lui dire, qu'après avoir passé un jour en Purgatoire, elle avait été délivrée au moment où l'on avait célébré la grand'messe pour elle. Elle avait ajouté que dans le ciel elle portait deux couronnes, celle des vierges et celle des martyrs.

Elle avait vivement désiré, avant de mourir, d'être enterrée dans l'église même de Valfleuri. Me ferez-vous cette grâce, demandait-elle humblement à M. Blanc ? Celui-ci le lui promit, et animée d'une douce confiance, elle s'engagea à se souvenir de lui devant Dieu.

C'est en 1846 que quelques personnes de la famille de Catherine ont demandé l'ouverture de sa tombe, dont on connaissait exactement la place. Quoique ses funérailles eussent été faites avec beaucoup d'honneurs et de solennité, aucun monument remarquable ne recouvrait ces restes précieux, et les ouvriers que l'on employa à cette facile recherche y mirent plus d'empressement qu'ils n'employèrent de précautions. Des coups imprudents brisèrent le cercueil, du reste très-bien conservé, et dérangèrent l'ordonnance naturelle qui existait entre toutes les parties du squelette. Quelques objets de piété et entr'autres l'habit du tiers-ordre de saint Dominique furent la preuve convaincante de l'identité de cette respectable dépouille. On se hâta de placer dans une bière neuve et en *bois dur* tout ce qu'on put recueillir de ce corps, autrefois le temple du Saint-Esprit et réservé à la résurrection glorieuse. Ce dépôt fut confié à la même tombe, et, sur un marbre placé aux frais de la famille, on lit l'inscription suivante :

ICI REPOSE CATHERINE-THÉRÈSE PHÉLIS,
MORTE EN 1705.

CHAPITRE XIII.

Conclusion.

La lecture de cet opuscule pourra faire naître quelques bonnes pensées, elle ne saurait en donner de mauvaises; c'est ce qui le met à l'abri de la seule critique que nous redoutions. Les objections que l'on pourra faire contre ce qui s'y trouve rapporté, ne prouveront jamais que Dieu ne puisse pas opérer des choses aussi merveilleuses, et de plus, les tenir cachées. La sagesse tout humaine des proches de Jésus-Christ trouvait mauvais qu'il ne rendît pas sa propre patrie témoin des prodiges qu'il opérait ailleurs, et qu'il ne se produisît pas au grand jour, comme leur amour-propre l'aurait souhaité. On ne craint pas de demander compte à Dieu même de ce qu'il fait, on trouve presque mauvais de n'être pas appelé à ses conseils.

Le chrétien dont la foi humble et soumise

ne cherche qu'à s'édifier, ne s'étonne ni de ce qu'il plaît à Dieu de lui montrer dans les ouvrages de sa puissance, ni de la force prodigieuse qu'il communique, quand il lui plaît, aux êtres les plus faibles. Ce sont ceux-ci qui sont choisis de préférence pour humilier et confondre ce qu'il plaît aux hommes d'appeler force et sagesse.

O vous qu'une pensée salutaire conduit au pieux pélerinage de Valfleuri, gardez-vous de quitter cet asile de l'innocence et du repentir, avant d'avoir puisé à toutes les sources où votre piété peut trouver à se renouveler et à se fortifier. Payez à la Reine des anges, dont le regard s'abaisse avec complaisance sur ce modeste sanctuaire, le tribut d'un culte qui ne doit le céder qu'à celui que vous devez à Dieu. Prosternés aux pieds de cette statue toute rayonnante de l'éclat du miracle, demandez à Marie avec confiance et liberté tout ce que le zèle pour votre salut peut vous faire désirer; envoyez-lui votre cœur pour lui en découvrir la misère. Marie vous ouvrira le sien pour vous en communiquer les richesses. Laissez, laissez là vos peines, vos chagrins, vos remords; laissez-y vos péchés. Du fond de cette petite vallée où naissent tant de fleurs, il ne faut point emporter d'épine. Une confession faite avec toutes les dispositions nécessaires, des réflexions sérieuses sur les besoins de votre ame, des résolutions plus fortes que l'amour de la vie même : voilà le bouquet spirituel que vous devez cueillir dans ce lieu de béné diction et présenter en hommage à l'auguste Marie.

Ne vous éloignez pas de la table sainte où vous avez reçu le gage de l'amour et du salut, sans songer que vous foulez la tombe où repose depuis un siècle le ministre vénérable qui fut choisi de Dieu comme un guide sûr pour conduire les ames à la plus haute perfection. C'est une odeur de sainteté qui s'exhale de dessous cette pierre, qui redit aux générations que la mémoire du juste est en bénédiction, et que le Seigneur est devenu la portion de son héritage.

Votre dévotion est saintement rassasiée, vos vœux sont accomplis, vous partez......, l'ame inondée d'une douce joie et regrettant seulement de ne pouvoir fixer votre séjour là où vous avez retrouvé la paix du cœur et le doux calme de l'espérance. Mais ne voyez-vous pas au fond de ce temple sacré ce marbre qui vous dit que là encore il faut faire une pause et rappeler un souvenir. Arrêtez et lisez..... C'est la simple et pauvre villageoise, dont la vie vous est maintenant connue, et qui, n'eût-elle fait et souffert que la dixième partie de ce que vous en savez, serait encore l'objet d'une légitime admiration. Vaut-il mieux, dites-moi, à ceux qui furent grands dans le monde et selon le monde d'être écrasés sous les monuments fastueux qui cachent leur dépouille, qu'à l'héroïne chrétienne de reposer à l'ombre des saints autels, ainsi qu'elle l'avait tant désiré? De ce sépulcre à la fois humble et honorable, doit sortir un jour, pleine de gloire et de beauté, la vierge qui sut immoler son corps, et le conserver pur à l'époux céleste. Oh! qu'elle lui sera douce en ce moment la mémoire de ces cruelles souffrances qu'elle appela sur elle, comme on appelle au milieu des tortures le soulagement et la fin des douleurs!

Elle voulut fermer l'enfer, et en garder la porte : bien mieux vaut-il encore que devant elle s'ouvrent les portes de l'éternel séjour des bienheureux. L'enfer aux réprouvés, le ciel aux amis de Dieu : ainsi doit s'accomplir toute justice.

Adieu, pieux pélerin, allez maintenant raconter les merveilles de la grâce, celles surtout dont le récit a dû susciter en vous au moins le regret de n'être pas un saint, et la pensée de travailler à le devenir. Jésus vous attend chez vous, pour vous dire que le moment est venu de prouver la sincérité de vos larmes et la vérité de vos promesses; mettez-vous à l'œuvre en entrant, et dites-vous : Je puis faire ce qu'a fait cette fille pauvre, faible et peu instruite.

Renversez d'un pied vigoureux l'obstacle

qui jusqu'ici s'est élevé entre vous et la vertu; et dites au Seigneur : Parlez encore, ô mon Dieu, votre serviteur écoute. Il vous demandera sans doute combien de temps vous voulez lui demeurer fidèle; répondez: Toujours. Amen.

FIN.